Madeleine CHARBIN

Jean BLANC

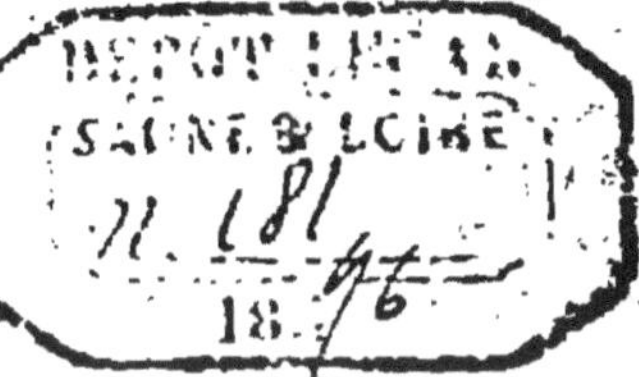

Souvenir

21 Septembre 1896

SOUVENIR

Madeleine CHARBIN

Jean BLANC

Souvenir

21 Septembre 1896

PAUL GIROD, ÉDITEUR
Successeur d'Ant. ROUX
LYON

ALLOCUTION

Du R.-P. ANTOINE

21 Septembre 1896

Pars bona mulier bona, in parte timentium Deum, dabitur viro pro factis bonis.

C'est un heureux partage qu'une épouse vertueuse : c'est le partage de ceux qui craignent Dieu, la récompense de l'homme pour ses bonnes actions. (Ecclésiastique, XXVI, 3.)

MADEMOISELLE, MON CHER NEVEU,

Il est des circonstances délicates où le prédicateur de la vérité peut difficilement exprimer toutes ses espérances et toute son affection. Il craint de ne pouvoir à son gré se faire l'écho des émotions les plus saintes et les plus pures, ainsi que des enseignements sacrés de l'Église. Alors, une heureuse ressource s'offre à son ministère : il emprunte à sa vieille Bible une parole capable de traduire énergiquement ce qu'il osait à peine faire entendre; et le texte sacré, associant à sa faiblesse une lumière divine, vient agrandir l'horizon et diriger les esprits vers ces hauteurs d'où le chrétien doit toujours considérer les évènements de la vie.

Aussi n'aurai-je aujourd'hui qu'à développer bien simplement un verset répondant si parfaitement à une situation que tous ici, parents et amis, se plaisent à reconnaître : « *C'est un heureux partage qu'une épouse vertueuse; c'est le partage de ceux qui craignent Dieu, la récompense de l'homme pour ses bonnes actions.* »

I

L'Esprit-Saint lui-même se plaît à nous peindre, avec une poésie tout orientale, le bonheur qu'elle apporte au foyer. Qu'elle soit reçue dans une chaumière ou dans un palais, la paix et la joie lui servent de cortège. *Riches ou pauvres, dit le texte sacré, le cœur est satisfait et en tout temps les visages restent épanouis.* (*Eccl.*, XXVII, 4.)

En vain, l'homme demandera-t-il à notre luxe moderne et à tous les arts d'embellir sa demeure, rien ne pourra jamais lui donner un aspect aussi gracieux qu'un visage aimé, où se reflète l'éclat divin d'une âme pure. Voici les paroles du fils de David : *Comme le soleil se levant sur le monde dans les sommets des cieux où le Seigneur a placé son trône, ainsi la femme vertueuse brille comme l'ornement de sa maison.* (*Eccl.*, XXVI, 21.)

C'est un véritable cantique en son honneur. Il débute en ces termes :

Une femme pleine de vertu, c'est le bonheur de l'homme : le nombre de ses jours en sera doublé.

La femme forte fait les délices de son époux, et les années d'une vie, s'écoulant ainsi dans la paix, arriveront à leur comble. (*Eccl.*, XXVI, 1 et 2.)

Ce portrait gracieux est achevé dans les *Proverbes* :

La femme forte sait réunir en abondance de la laine et du lin, et ses ouvrages font honneur à ses mains délicates. (XXXI, 13.)

Son bras n'a pas reculé devant un labeur sérieux, et ses doigts ont tenu le fuseau. (Ibid., 13.)

On ne craint point dans sa demeure le froid de la neige; tous ses serviteurs portent pour les revêtir une double étoffe.

Sa main s'ouvre à l'indigent, et son bras s'étend vers le pauvre. (Ibid., 20.)

C'est avec honneur qu'aux portes de la ville peut siéger son époux, avec le tissu le plus fin et la pourpre pour vêtements.

Ses fils se sont levés, et ont publié le bonheur de leur mère; son époux s'est levé et a proclamé ses louanges. (Ibid., 23.)

Cette peinture, Mademoiselle, malgré l'ancienneté de ses tons, nous semble à tous ici le tableau de votre future demeure, avec l'indication exacte de vos goûts, de votre dévouement, de votre charité, de tout cet ensemble de vie qui fera le bonheur et l'agrément de votre foyer, et vous attirera l'affection du pays que vous adoptez si gracieusement.

Ces pages, au reste, n'ont-elles pas été inspirées plutôt pour les chrétiens qu'en faveur des enfants d'Israël, et l'Esprit-Saint, trente siècles à l'avance, ne vous voyait-il pas, vous en particulier, ainsi que tant de chrétiennes dont le cœur devait s'épanouir sous le souffle puissant de sa grâce.

Dans son amour, n'avait-il pas aussi décrété de quels parents il vous ferait naître, et comment tout vous préparerait à être une de ces épouses choisies, qui, en cherchant avant tout pour elles et les autres le bonheur du ciel, ont cependant trouvé le secret d'en faire resplendir sur la terre une harmonieuse et douce image?

Le Seigneur vous a bien favorisée en plaçant votre berceau dans une famille comme la vôtre, ne devant la considération et l'estime dont elle jouit qu'à l'intelligence de ses chefs, à leur travail actif, à leur honneur. L'union de tous ses membres fait sa force et sa gloire; son influence et ses biens ne servent qu'à propager le règne du Christ et de son Église, ou bien à faire aimer du pauvre le Dieu qui l'a comblée de ses bénédictions. De telles traditions et les exemples d'une vie si franchement chrétienne, quel précieux secours pour former en vous cette femme que nos Saints Livres regardent pour l'homme comme la récompense terrestre accordée à ses mérites !

Souvent on félicite une jeune fille d'avoir été formée à la vertu par le dévouement admirable de religieuses devenues pour elles d'autres mères : et c'est ordinairement avec raison quand elles n'auraient point trouvé sous le toit paternel une éducation aussi soignée et des modèles aussi édifiants. Mais pour vous, Mademoiselle, il eût été regrettable qu'on vous eût laissée toute votre jeunesse, même dans la meilleure des pensions. Vous auriez pu connaître aussi bien la théorie de la perfection, mais vous n'auriez pas aussi bien ressenti le saint attrait de l'exemple; vous n'auriez pas vu aussi longtemps et d'aussi près une épouse devenir la force et la consolation de son époux dans les épreuves et les peines inséparables de la vie; vous n'auriez pas aussi bien connu la mère qui se dévoue sans cesse, qui se prodigue, qui s'oublie; la fille s'inspirant toujours de l'esprit de celle qui l'a elle-même formée, et l'entourant d'autant de vénération que de tendresse; la sœur dont l'aménité est payée d'un si juste retour au sein d'une famille vraiment patriarcale.

Si l'on doit apprécier l'arbre à la beauté de ses fruits, quel bonheur pour vous d'avoir eu devant vous cette aïeule, en qui tous reconnaissent les traits de la femme forte de nos Livres Sacrés! Elle vous a montré où était la source de toutes les vertus; elle a fait de vous sa compagne accoutumée pour aller dès l'aube du jour s'unir à l'immolation de la Sainte Victime; elle vous a appris par son exemple à nourrir souvent votre âme du Pain des anges, à témoigner votre amour à ce Dieu abaissé jusqu'à nous, en ornant ses tabernacles, ou en le secourant dans ses membres les plus chers : les pauvres, les délaissés.

De telles leçons ne peuvent qu'être fécondes pour toute votre vie; et quand, chaque matin, vos nouveaux compatriotes vous verront gravir les rudes pentes qui conduisent à leur antique église, ils diront avec bonheur : « C'est bien l'épouse que méritait M. Jean; les vieilles traditions de sa famille se conservent; elle est pieuse comme sa mère et son aïeule : cette maison désolée est de nouveau bénie. »

Les pauvres qui avaient tant pleuré leur bienfaitrice espéreront encore; aux aumônes et aux largesses qui n'avaient point cessé, ils verront s'ajouter ces paroles, ces consolations, dont le cœur d'une femme, en devenant leur mère, possède mieux le don sublime.

Mais vous, mon cher Neveu, d'où vous vient le bonheur d'une telle union ? Ce n'est pas à moi qu'il convient de le dire; je laisse le texte sacré donner la réponse : *La femme vertueuse est le partage de ceux qui craignent Dieu, la récompense de l'homme pour ses bonnes actions*.

Si la discrétion et la réserve doivent accompagner la parole du prêtre, le public ne connaît-il pas des faits bien capables d'expliquer la protection toute particulière du ciel?

En prenant part aux labeurs incessants et aux préoccupations d'un père fatigué par de longues années de travail et de dévouement, en compatissant aux souffrances d'une mère si longtemps éprouvée par la maladie, n'avez-vous pas mérité les bénédictions promises au respect des parents? Votre piété filiale n'a-t-elle pas aussi consolé dans leur vieillesse ces deux aïeux, dont les bras vigoureux ont creusé le sillon où moissonnent leurs enfants!

Comment surtout ne pas admirer votre belle conduite vis-à-vis de ma mère? Pendant son veuvage vous l'avez entourée avec vos parents des soins les plus délicats et les plus dévoués; malgré vos nombreuses occupations, vous n'avez pas craint de multiplier vos voyages pour être l'appui de sa vieillesse sur toutes les voies où la conduisait son amour maternel; vous vous faisiez respectueusement le gérant de toutes ses affaires, pour lui permettre, en véritable Franciscaine, de ne penser qu'à Dieu. Cette mère parfaite, toute détachée de cette terre, avait déjà par anticipation abandonné à trois de ses enfants restés dans le monde une portion de son héritage bien plus avantageux que n'aurait pu leur procurer un partage égal; mais cependant elle ne put souffrir que sa fille et son fils, en renonçant absolument aux biens de cette vie, ne soient entièrement arrachés aux soins de sa prévoyance maternelle; alors, en face, d'un côté, d'une santé chancelante, et de l'autre, des menaces d'un avenir orageux, elle vous pria de la faire se survivre à elle-même, et vous demanda de vous accommoder à la sévérité de chaque règle pour remplir, suivant les circonstances, une mission toute de charité et de parfait désintéressement. L'accepter était un acte de pure générosité qu'elle crut digne de votre cœur; et la remplir avec fidélité n'était-ce pas mériter ses meilleures bénédictions? Vous qui l'avez vue deux ans après terminer une vie d'un christianisme héroïque par une mort semblable à celle des saints; vous qui l'avez vue pendant sa dernière nuit, conservant toute la vigueur de son intelligence et la fraîcheur de son cœur, prier à haute voix, comme à son pèlerinage de Lourdes, n'êtes-vous point certain qu'elle prie encore mieux pour vous dans le ciel, et qu'elle le fait avec d'autant plus d'amour qu'elle se regarde maintenant comme vous étant plus redevable?

Les femmes vraiment chrétiennes, qui ont fait aussi l'honneur de votre famille, se sont unies dans les cieux aux prières de votre aïeule et de votre mère, et toutes ensemble elles ont obtenu pour vous une épouse qui les fasse en quelque sorte revivre. Aussi, retrouverez-vous dans celle que le ciel vous a préparée avec tant de sollicitude les vertus que votre père a vénérées dans sa mère, toutes les qualités qui vous avaient rendu si chères ces deux femmes, dont le cœur maternel s'unit du haut des cieux à cette touchante solennité.

Ne reconnaissez-vous pas leur foi vive et si éclairée? la constance de leur piété? le même ensemble de douceur et d'énergie? l'héroïsme dans l'abnégation et le dévouement, avec un courage capable de braver la mort? La même charité, la même condescendance faite pour gagner tous les cœurs?

Elles vivront donc toutes deux; elles seront encore dans votre demeure et dans celle de votre père; elles y feront encore luire des jours heureux : ce seront bien les mêmes sentiments, les mêmes vertus répandant les mêmes parfums, mais s'exhalant d'une fleur à peine éclose aux premiers rayons du printemps.

II

Mais ce bonheur terrestre de la vertu que les épreuves inséparables de la vie ne peuvent altérer, et font chaque jour apprécier davantage, ce bonheur, comment pourrez-vous le conserver, et même le rendre plus parfait?

Il suffirait peut-être de vous dire à l'un et à l'autre :
« ne dégénérez point ». Vous, Mademoiselle, conti-
nuez à marcher sur des traces que votre cœur vous
empêchera certainement de perdre de vue.

Vous, mon cher Neveu, pour vous soutenir dans
le bien, vous aurez la consolation de pouvoir jeter
les yeux sur votre beau-père et sur votre père.

Dans votre action sociale, vous n'aurez point
comme le premier à prendre une initiative féconde
pour doter votre pays de nos moyens rapides de com-
munication, ou pour y assurer à l'indigent un abri
et de religieux secours dans la maladie : Saint-
Bonnet-le-Château, qui au moyen âge a devancé la
plupart des villes par ses franchises communales, est
arrivé même avant Sainte-Foy à réaliser ces deux
progrès ; elle a eu des MM. Charbin dans votre bisaïeul
et dans son digne représentant.

Vous n'aurez pas, comme votre beau-père, à prendre
part à la lutte gigantesque de votre industrie contre
une nation rivale, et à lui disputer glorieusement la
victoire à force d'intelligence, d'activité, d'esprit
d'invention ; vous n'aurez pas même à trouver le
moyen de faire dans une toute petite ville de grandes

affaires ; vous n'aurez guère, et pendant de longues années, nous l'espérons, qu'à seconder une expérience consommée. Mais votre tâche n'en est pas moins belle, et elle réclame des vertus d'autant plus rares et d'autant plus difficiles, qu'elles doivent être pratiquées au sein d'une prospérité qu'elles accroissent toujours.

Mais n'est-il pas un devoir plus délicat, où tout ce qu'a pu accomplir si heureusement votre père, loin de vous exempter de votre tâche, ne fera que vous donner des obligations plus étroites ? un devoir que le succès des entreprises, et les besoins de notre époque troublée rendent plus impérieux ? Ce devoir, c'est de vous faire aimer de tout votre pays, ou plutôt de conserver une affection que vous regarderez toujours comme la plus belle portion de votre patrimoine. Votre cœur vous a rendu jaloux, jusqu'ici, d'y être fidèle, et vous avez été bien placé pour connaître l'abnégation, le dévouement et la générosité qui gagnent les sympathies ; mais vous allez trouver dans le concours de votre épouse, dans les traditions de tous les siens, le moyen d'y parvenir encore avec un succès plus complet.

Cependant, quelque précieux que soient pour votre piété filiale d'aussi beaux souvenirs, ministre du Seigneur, je ne remplirais pas entièrement mon devoir si je ne vous montrais point la perfection dans l'idéal qui a toujours inspiré vos familles.

Le Verbe de Dieu, en prenant notre chair et notre sang, a voulu vivre de notre vie pour être le modèle de tous les hommes, dans toutes les conditions; et afin de devenir le type céleste sur lequel les époux puissent régler leur conduite, Lui, la pureté même, il a contracté une alliance indissoluble et féconde avec l'Église devenue son épouse sans tache, et la mère des âmes régénérées. C'est cette union divine dont le mariage doit reproduire la beauté; elle fait du Christ le modèle parfait de l'époux, et de l'Église celui de l'épouse.

Aussi saint Paul, pour donner ce magnifique enseignement, a-t-il dit : *Hommes, aimez vos épouses comme le Christ a aimé l'Église, et s'est livré lui-même pour elle, afin de se procurer une Église glorieuse, sans tache, sans souillure, sans rien pour la ternir, mais sainte et immaculée.* (Éph., v, 25-27.)

Le Christ lui-même, voilà Celui que vous devez

sans cesse contempler en l'adorant, mon cher Neveu, Celui que vous devez vous efforcer d'imiter. Il s'est donné tout entier à son Église : voilà le dévouement qu'il vous demande, un dévouement parfait, sans mesure. Mais quel doit être le but de ce don complet de vous-même? Ce n'est point seulement l'agrément d'une vie douce et aisée procurée à une compagne chérie; mais ce doit être avant tout la beauté d'une vie chrétienne, la sainteté. Vous devez rendre votre épouse semblable à l'Église, sainte et immaculée. Aussi ne suffit-il point, comme on s'en flatte trop souvent aujourd'hui, de lui laisser la liberté de suivre de respectables convictions; il faut ne faire avec elle qu'une intelligence et qu'un cœur, avec la même foi, et la même piété.

Pour faire honorablement vos premiers pas dans la vie, Mademoiselle, et vous, mon cher Neveu, une force toute céleste vous a été nécessaire, la grâce; mais vos devoirs vont devenir plus nombreux et plus importants, vos responsabilités seront plus graves; le secours divin vous est donc encore plus indispensable.

Aussi, en rivant d'une manière indissoluble, vos

deux existences, votre consentement va-t-il devenir par le sang de Jésus-Christ un admirable sacrement. *Ce sacrement est grand*, dit saint Paul, *il est grand dans le Christ et dans l'Église. (Éph.*, v, 32.) Il est grand puisqu'il rappelle cette union mystérieuse du Sauveur et de son Épouse immaculée ; il est grand puisqu'il va faire descendre sur vous des grâces pour vous soutenir pendant tout le cours de votre vie.

Si votre consentement puise dans l'institution divine une telle efficacité, moi, prêtre, placé au nom de l'Église comme un témoin nécessaire, que viens-je donc faire ici ? Je viens d'abord unir mes prières à celles de vos parents, de vos amis, de tous ceux qui vous entourent d'une sympathie si chrétienne. Ces prières, je vais les diviniser en les faisant passer par le cœur de Jésus, immolé sur l'autel. Je suis témoin, mais non un simple témoin ; j'ai reçu de Dieu le pouvoir de bénir. C'est donc au nom de Celui qui a créé le ciel et la terre, qui donne la vie et la reprend à son gré, au nom de Celui qui élève et abaisse les familles, les perpétue ou les fait disparaître, et sans lequel on ne peut rien faire de stable ; c'est au nom du Seigneur que je vais faire descendre sur vous ses bénédictions.

Je vous bénis encore au nom de l'Église, cette Mère qui se réjouit de votre bonheur, met son espérance dans votre bonne volonté pour édifier vos frères, et attend de vous des générations qui grandissent en pleine lumière sous le souffle de l'Esprit-Saint; je vous bénis au nom du Vicaire de Jésus-Christ, demandant au Seigneur d'exaucer les vœux que forma son Pontife, lorsque, profondément touché de la piété de l'aïeule, il souhaita à la petite-fille un époux digne de son cœur, et capable de suivre les traditions d'une famille si chrétienne. Je vous bénis au nom de tous ceux qui vous aiment dans le ciel, au nom de vos anges gardiens, au nom de vos saints protecteurs, au nom de vos pieux ancêtres qui revivent en vous, et s'unissent à vos parents de la terre pour demander au Seigneur de vous combler de ses grâces; je vous bénis pour que votre union, en répandant autour de vous le bonheur, vous rende heureux vous-mêmes dans le temps et dans l'éternité.

Amen.

DISCOURS

Madame, Monsieur,

C'est un privilège de la fonction qui m'incombe, et le plus cher à mon cœur, de pouvoir, aux paroles un peu sèches que la loi vient de me faire prononcer, ajouter, et le premier de tous, l'expression des vœux que nous formons tous ici pour le bonheur de votre belle union, et c'est aussi une grande satifaction pour moi de pouvoir exprimer hautement, dans cette occasion solennelle, notre reconnaissance pour les services rendus par les familles Charbin et Cabaud à notre chère commune et à la société.

Si parfois nos fonctions nous imposent d'ingrates et pénibles tâches, c'est une grande compensation de pouvoir, en sanctionnant l'union de deux cœurs généreux, contribuer à la formation d'une nouvelle famille destinée à continuer d'antiques et nobles traditions d'honneur, de dévouement et d'intelligent labeur, sans lesquels la patrie ne saurait prospérer et grandir.

Votre union, Madame et Monsieur, s'effectue sous les plus heureux auspices : elle réunit toutes les conditions d'âge, d'éducation et de situation, capables d'en assurer le bonheur.

Élevée par la meilleure des mères, avec l'aide de la plus dévouée des grand'mères, vous avez, Madame, appris à leur exemple la charité, le dévouement, la modestie et ces habitudes laborieuses qui assurent le bonheur et la prospérité de la famille.

Vous apportez à votre heureux époux ces qualités et ces vertus qui sont la plus riche des dots, car elles font le charme de l'intérieur en y faisant régner l'ordre et la paix. Pour être une épouse et une femme parfaite, vous n'avez qu'à imiter Madame votre mère et aussi votre chère grand'mère, et, dût sa modestie en souffrir, je me fais un devoir de proclamer ici, ce que tout le monde sait d'ailleurs, l'abnégation dont elle fait preuve en s'oubliant et en se dévouant pour les siens, pour les pauvres et pour les nombreuses œuvres de charité ou de piété qu'elle dirige ou soutient. Vous ne sauriez, Madame, vous inspirer d'un plus bel exemple, ni qui vous touche de plus près.

Vous, Monsieur, qu'une éducation sérieuse a si bien préparé à tous les devoirs de la vie, et qui, déjà, prêtez à Monsieur votre père un si utile concours, non content d'entourer votre jeune compagne de respect et de tendresse, vous justifierez l'honorable choix qu'on a fait de vous, pour assurer son bonheur en lui accordant sans réserve cette confiance formée d'estime et d'affection sur laquelle reposent, iné-branlables, l'union des cœurs et la prospérité des familles.

Entrez donc, Madame, avec joie, avec fierté dans cette nouvelle famille à laquelle vous allez apporter un surcroit d'affection et de bonheur. Elle est digne de la vôtre, et le choix de votre cœur, confirmé par vos parents, sera approuvé à Saint-Bonnet-le-Château, comme à Sainte-Foy, par l'opinion générale qui entoure la famille de votre époux d'une considération si bien méritée.

Et vous aussi, Monsieur, vous avez lieu de vous applaudir d'appartenir désormais à la famille Charbin qui jouit à Sainte-Foy, comme à Lyon, de l'estime générale, justifiée par une belle situation industrielle et commerciale et plus encore par les qualités de l'intelligence et du cœur.

Beaucoup de personnes, à Lyon, connaissent et honorent M. Charbin. Tous, à Sainte-Foy, nous l'estimons et nous l'aimons, soit qu'il dirige, comme vice-président, les délibérations de l'hospice, qui lui a tant d'obligations, ou celles de la Compagnie des tramways et de la Société d'éclairage électrique de Sainte-Foy, qui ont si puissamment contribué à régénérer notre commune, et dont il est l'âme et le véritable fondateur. Partout, toujours, nous le trouvons sur la brèche, prêt à se dévouer au bien public.

Personnellement, et comme Maire de la commune, je ne saurais trop me féliciter du concours aussi habile que dévoué de M. Charbin, non seulement en ce qui concerne la gestion hospitalière, mais dans les cas, et ils sont nombreux, où l'administration peut avoir à profiter de son expérience et de ses lumières.

Fier de tels exemples, vous aussi, Monsieur, vous aurez à cœur de donner à votre vie un but élevé, et, père de famille à votre tour, vous élèverez vos enfants dans les mêmes principes de probité, de travail et d'honneur.

Dans de telles conditions, il m'est aisé de vous présager, à tous deux, un heureux et brillant avenir.

La seule ombre à ce tableau, pour vos amis de Sainte-Foy (j'en atteste l'émotion de Madame Charbin), c'est le départ de sa fille bien-aimée.

Pourquoi faut-il que Sainte-Foy s'attriste quand Saint-Bonnet se réjouit?

Mademoiselle Charbin ne laissera à Sainte-Foy que de gracieux souvenirs; et puis, nous l'espérons, sans quitter son mari, ou le moins possible, elle reviendra souvent dans notre cher Sainte-Foy, car elle y laisse une si grande part de son cœur!

Recevez donc, Monsieur et Madame, toutes nos félicitations et nos vœux.

Ces vœux, pour vous, vous les connaissez déjà. Nous les complèterons en vous souhaitant de longues années de vie, d'union et de bonheur, et nous formons des vœux semblables pour vos parents, pour que Dieu leur donne la joie de voir longtemps prospérer votre famille, et qu'il les conserve de longues années pour votre bonheur, celui des pauvres et celui de la commune.

ÉPITHALAME

Par Monsieur l'Abbé Auguste ROCHETTE

Licencié ès-lettres, professeur aux Minimes.

A Monsieur et Madame Jean Blanc.

« Forsan et hæc olim meminisse juvabit ».

I

Et Dieu mit dans l'Eden l'homme, sa créature...
Il avait fait pour lui les bois et leur verdure;
Il avait fait pour lui les hymnes des oiseaux
Et les flots murmurants des limpides ruisseaux.
L'homme était roi. — Le ciel et son immense dôme
Fermaient seuls l'horizon de son vaste royaume.
Les fleurs n'avaient qu'un jour; dans leur fraiche beauté
Elles semblaient sourire, et, sous un ciel d'été,

Versaient leurs doux parfums au Roi de ces domaines :
Tout chantait dans les bois, tout riait dans les plaines;
Les oiseaux bâtissaient leurs nids dans les buissons;
L'air rempli de parfums était plein de chansons.
Et les fruits et les fleurs grandissaient sans semence;
La nature épandait ses dons en abondance,
Sans attendre que l'homme eût jeté de sa main
Le grain dans les sillons, espoir du lendemain.
Mais l'homme dans l'Eden se trouva solitaire;
Et sa voix vers le ciel s'éleva de la terre :
— « Dieu, vous m'avez comblé de vos dons précieux;
Vous avez fait le ciel pour récréer mes yeux,
Les murmures du vent pour charmer mon oreille,
Les fruits délicieux et la rose vermeille
Pour captiver mon cœur et réjouir mes sens.
Pourtant, Adonaï, dans mon âme je sens
Qu'il manque quelque chose à l'homme sur la terre.
Aux limpides ruisseaux ma soif se désaltére,
Et d'eux-mêmes les fruits se penchent vers ma main;
Les jours riants pour moi n'ont pas de lendemain,
Mais mon cœur est trop seul et ma joie est trop pleine !
Il faut qu'une âme sœur et semblable à la mienne
Vienne s'unir à moi par d'amoureux liens
Et redouble ma joie en partageant mes biens. » —

Dieu se remit à l'œuvre, et bientôt la Nature
Salua près d'Adam une autre créature :

Le monde était parfait, l'ouvrage était fini ;
Alors le Tout-Puissant rentra dans l'infini.
Il avait, de ses mains, créé l'homme et la femme ;
L'un fort comme le fer, l'autre à l'âme de flamme ;
L'homme né pour régner, génie audacieux,
La femme au cœur immense et pur comme les cieux.

II

Ah ! qu'il est doux le ministère
De deux époux sur cette terre ;
Que le nom de père ou de mère
Est à la fois sublime et doux !
Qu'il fait bon voir une famille
Autour du foyer qui pétille :
Dans tous les yeux le bonheur brille.
La paix est dans le cœur de tous.

Quand, par les nœuds de l'hyménée,
Entre deux cœurs la destinée
Pour jamais se trouve enchaînée,
Les jours coulent délicieux.
On est plus fort quand vient l'orage ;
Le plaisir charme davantage ;
A deux, l'on a plus de courage
Et l'avenir nous sourit mieux.

Puis les enfants aux âmes blanches,
De leurs voix naïves et franches,
Comme des oiseaux dans les branches,
Viennent égayer la maison.
Quand nous pleurons, l'enfant s'avance;
Sur nos genoux il se balance;
Au cœur il met de l'espérance
Et du soleil à l'horizon.

Le père avec plus de courage
Pour l'enfant se met à l'ouvrage;
Si le labeur est son partage,
Il est heureux dans son amour,
Car lorsque le soir le ramène
Vers la maison toujours sereine,
Par ses baisers, l'enfant sans peine
Saura le payer de retour.

Ainsi qu'un saint prêtre, la mère
Remplit un sacerdoce austère,
Formant l'enfant à la prière
Comme aux devoirs les plus sacrés.
O tendre mère, quelle lyre
Pourrait célébrer ou redire
L'amour si fort que vous inspire
Cet enfant que vous adorez!

Vous êtes l'ange tutélaire
Que Dieu mit un jour sur la terre,
Afin que, dans l'épreuve amère,
Vous versiez l'espérance aux cœurs ;
Et quand votre voix douce et tendre
A l'oreille se fait entendre,
Il semble qu'il vient de descendre
Une voix des célestes chœurs.

III

Qui trouvera jamais la femme forte et sage ?
Sous quels cieux fleuriront la beauté, le courage
De la mère rêvée un jour par Salomon !
Son cœur est un écrin fait d'or et de tendresse ;
Elle est de son époux l'espoir et la richesse ;
Ses enfants et son toit, voilà son horizon.

Ses deux bras sont vaillants, et ses mains sans relâche
Du matin jusqu'au soir entreprennent la tâche ;
Elle tisse la laine et prépare le lin ;
Toujours debout, toujours radieuse et sereine,
Versant au malheureux son or, comme une reine,
Ouvrant tout grand son cœur de mère à l'orphelin.

Quand le ciel s'assombrit, c'est elle qui console ;
Sur son front les vertus ont mis une auréole ;
Sa bonté souveraine est vantée en tout lieu.
Sur sa lèvre fleurit un éternel sourire ;
Et sa bouche jamais ne s'ouvre que pour dire
Des mots si doux qu'on croit entendre parler Dieu.

Les trésors de son cœur sont toute sa parure ;
Elle sait qu'ici-bas, hors Dieu seul, rien ne dure ;
Qu'au fond des coupes d'or, on rencontre le fiel.
D'autres ont désiré la beauté, l'opulence ;
Elle, sans les chercher, tient de la Providence
Les trésors de la terre et la beauté du ciel.

Tandis que je lisais dans ma Bible la page
Où le roi Salomon vante l'épouse sage,
Mon cœur pensait tout haut (ma voix disait tout bas)
Que ces grandes vertus, Madame, étaient les vôtres ;
Et j'ai voulu l'écrire et je l'ai dit à d'autres ;
Dussiez-vous m'en blâmer, je ne m'en tairai pas.

IV

Le temps emporte tout. Sur l'océan des âges
Maint génie a sombré, plus d'une œuvre a péri ;

Mais la Bible de Dieu nous reste; et dans ses pages
Voici ce que l'on voit par le prophète écrit :

« Heureux le juste, heureux celui qui ne s'abreuve
Qu'au calice mystique et du bien et du beau;
Il grandit comme un lis sur les rives d'un fleuve,
Et son nom revivra même après le tombeau.

Comme le chêne altier du Liban il s'élève,
L'aquilon du malheur sur lui s'acharne en vain.
Le méchant aura beau l'entailler de son glaive,
L'arbre grandit, car Dieu l'abrite sous sa main.

Dans l'ombre sa vertu resplendit comme un phare;
Dans la détresse il est l'appui des malheureux;
Il tend la main à ceux dont la marche s'égare;
S'il voit pleurer les siens, son cœur pleure avec eux. »

Cher Cousin, cet éloge est le vôtre — et je songe
Que je pourrais encore ajouter plus d'un trait;
Si les poètes sont les chantres du mensonge,
Vous en croirez du moins le prêtre, ami du vrai.

Fils d'une mère, en qui je salue une sainte,
Vous êtes un de ceux qui vont droit leur chemin,
Dont l'âme est sans remords, dont le cœur est sans crainte.
De ceux par qui la France espère au lendemain.

C'est pourquoi, réveillant la Muse qui sommeille,
J'ai voulu saluer l'hymen de deux grands cœurs ;
Et, modeste poète, au fond de la corbeille,
Déposer à mon tour de poétiques fleurs.

Auguste ROCHETTE.

TOAST

De Monsieur le Chanoine AVRIL

Missionnaire du diocèse de Lyon.

Qu'ajouter aux paroles que vous avez entendues ce matin? Tout a été dit, bien dit. Mais si le cœur du parent a parlé, souffrez que le cœur de l'ami dise quelque chose.

Il est des amitiés, d'ailleurs, qui constituent de vraies parentés, telle est celle qui nous unit, monsieur Blanc et moi. Née sur le même sol, continuée sur les bancs de l'école, elle s'est maintenue sans altération et sans ombrage, toujours fidèle, cordiale, généreuse : l'ami des jours de la joie, et encore plus celui des jours de la tristesse.

Aujourd'hui, c'est à la joie que nous sommes. Sa joie est la mienne, et son bonheur est le mien. Oui, je me réjouis pour ce cher ami ; Dieu lui devait cette compensation et cette consolation. Son foyer trop tôt désolé ne devait pas rester vide ; il n'était pas bon que lui et ses fils, que quatre hommes restassent seuls ; il leur fallait un cœur, une lumière, un charme. Vous serez tout cela, Madame, vous serez un cœur pour les aimer, une douce lumière pour les conduire, un charme pour les égayer. Vous remplirez d'entrain et d'harmonie cette grande et belle maison que celle que vous remplacez semblait préparer pour vous. Les beaux jours y reviendront à côté du souvenir, du culte inaltérable de celle qui n'est plus.

Laissez-moi me réjouir pour M. Jean. Il lui fallait à son âme une autre âme, digne de la sienne ; à sa vie, une autre vie ; vous la lui apportez, Madame, riche des trésors de la grâce et de la nature. Tous deux vous allez mettre en commun tant de qualités sérieuses, tant de vertus et tant d'amour, que la société ne peut que prospérer ; et nous n'avons qu'à dire à ces deux jeunes époux : méritez toujours d'être heureux, et soyez-le toujours autant que vous le méritez.

Laissez-moi me réjouir pour notre chère petite ville de Saint-Bonnet, qui va retrouver ce qu'elle a perdu et ce qu'elle regrette encore, une édification pour son église, une mère pour ses pauvres, un soutien pour ses œuvres.

Vous avez été à si bonne école pour cela, Madame.

Auxiliaire puissant d'une grand'mère qui est la personnification de la charité et de ses œuvres, vous avez puisé auprès d'elle le zèle qui les inspire, l'expérience qui les dirige, le cœur qui les féconde.

Vous êtes prête pour la mission providentielle qui vous attend. Allez, vous trouverez des pauvres parmi nous et du bien à faire, et c'est là, je le sais, toute votre ambition.

Vous êtes attendue, Madame, désirée, et vous serez bien accueillie, et vous saurez bientôt que si parfois notre climat est un peu rude, les cœurs y sont chauds et reconnaissants, et vous n'aurez pas trop à regretter, je l'espère, les coteaux fleuris de Sainte-Foy, la famille patriarcale que vous quittez, que vous attirerez et reconstituerez là-haut.

D'ailleurs, on se plaît partout où l'on aime et où l'on fait le bien.

Soyons donc tous aux joies du présent et aux espérances de l'avenir.

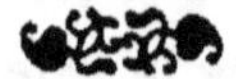

TOAST

MON CHER JEAN,

Une bien douce mission m'était confiée, il y a trente ans, c'était celle de souhaiter la bienvenue à Saint-Bonnet, à celle qui fut la compagne aimante et dévouée de votre père, à cet ange de douceur et de bonté, qui versa sur votre berceau et sur votre jeunesse les trésors de sa tendresse et de toutes les vertus qui ont fait de vous une âme droite et une nature d'élite.

De là-haut elle sourit à votre bonheur, car c'est sous ses auspices que la Providence vous a conduit vers celle qui vient de mettre sa main dans la vôtre.

Aujourd'hui, j'éprouve de nouveau, Madame, une bien douce satisfaction, en venant au nom des amis de votre mari, au nom de votre nouvelle petite patrie, vous exprimer pour votre parfait bonheur les vœux qui sont sur toutes les lèvres, et qui animent tous les cœurs.

Il y a quelques jours une heureuse nouvelle, accueillie par les sympathies unanimes, secouait le vieux Saint-Bonnet, c'était l'annonce de vos fiançailles. On était heureux d'apprendre que vous entriez dans une famille si justement aimée et considérée.

Cette nouvelle causait une joie générale. On savait gré à votre fiancée de partager les généreuses aspirations que vous avez toujours manifestées, celles de continuer à Saint-Bonnet les belles traditions de bienfaisance, d'honneur et de loyauté, qui ont toujours été la devise de votre père et depuis de nombreuses générations la devise de la famille Blanc-Rochette, et qui ont rendu ce nom si sympathique et si respecté dans la région de Saint-Bonnet.

Et maintenant, mon cher ami, laissez-moi vous féliciter sur le choix parfait que vous avez su faire.

Vous avez trouvé une compagne, qui unit aux plus riches qualités de l'âme et du cœur les charmes et les grâces de l'amabilité, qui feront la joie de votre maison, et qui feront revivre les doux souvenirs du passé au foyer de votre père.

Tout vous en est un sûr garant.

Élevée avec les soins les plus jaloux par la plus tendre des mères et par le père le plus dévoué, elle a puisé dans leurs beaux exemples le germe de toutes les vertus qui ont fait d'elle la jeune fille la plus accomplie.

Dès son enfance, elle a été initiée à toutes les bonnes œuvres par cette vénérée grand'mère dont elle était l'auxiliaire, par cette vénérée grand'mère qui a su élever une famille aussi distinguée et aussi étroitement unie.

A vous, Madame, laissez-moi redire combien celui qui a été l'élu de votre cœur est digne de votre affection.

De crainte d'effaroucher sa modestie, je ne m'attarderai pas à faire l'éloge de ses belles qualités, de son cœur si généreux, de sa vie de collège où il a laissé de si pieux et touchants souvenirs, de sa jeunesse à l'abri de tous reproches, je veux simplement vous dire qu'au milieu de sa vie de travail, il fut toujours la joie et la consolation de son père, et qu'au milieu de ses labeurs, il fut toujours l'initiateur et le soutien de toutes les œuvres bonnes et bienfaisantes.

Quant à toi, mon cher vieux camarade, le bonheur de voir ton fils, le continuateur de ton œuvre, contracter une union si digne de lui est bien grand, bien légitime! Reçois donc une fois de plus mes bien sincères félicitations.

En terminant, je vous offre, Madame, mon cher Jean, mes souhaits les meilleurs pour le bonheur de votre vie, et c'est du plus profond de mon cœur que je porte la santé de votre jeune ménage.

MACON, PROTAT FRÈRES, IMPRIMEURS.

www.ingramcontent.com/pod-product-compliance
Lightning Source LLC
Chambersburg PA
CBHW061338060726
47596CB00003B/1317